Vielleicht ist es dir auch schon

einmal passiert, dass du ohne Babymütze auf Reisen warst und improvisieren musstest. Die folgenden Modelle sind aber eigentlich viel zu hübsch, als dass man auf eine solche Gelegenheit warten sollte.

Fang daher gleich mal an, deinen Kleiderschrank gezielt auf nicht mehr gebrauchte Jersey-Teile zu filzen. Hast du alte Shirts oder Rollkragenpullover? Immer her damit! Und dann: Ran an die Schere, aus alt mach neu!

Bis auf die beiden Modelle auf dem Buchumschlag kannst du alle vorgestellten Babymützchen ohne Nähen anfertigen. Du brauchst lediglich eine Schere. Diese sollte spitz sein und eine ausreichende Länge haben. Aber notfalls tut es auch eine Nagelschere.

Ich verzichte bei den Anleitungen bewusst auf genaue Maßangaben, denn wie groß der Kopf deines Babys gerade ist, weißt am besten du. Nimm dein Baby als „Vorlage", was die Passform angeht. Oder ein kopftaugliches Stofftier oder ein Glas (diese „Ersatz-Modelle" werden dir auch in diesem Buch begegnen).

Viel Spaß mit den von dir selbstgemachten Babymützen wünscht dir **Caroline**

PS: Damit du deine schnittigen Erfolge auch festhalten kannst, gibt es am Ende freie Seiten zum Einkleben eigener Babyfotos.

Leg gleich los:

✂	Das kannst du mit links.
✂✂	Das kannst du mit links und rechts.
✂✂✂	Hier darfst du ein bisschen tricksen.

Babymützen selbstgemacht!

Süßes Früchtchen

So wird's gemacht:

✂ Schneide das Oberteil eines dunklen Jersey-Rollkragenpullis wie gezeigt ab.

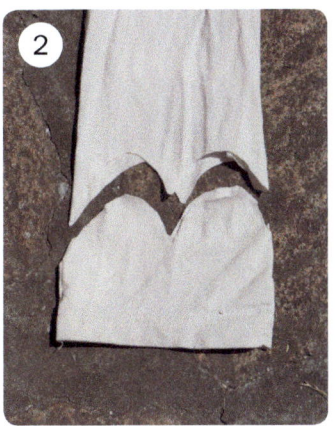

✂ Schneide außerdem das Ärmel-Endstück eines hellen Langarm-Shirts wie gezeigt ab.

Suche nun passendes dunkles Garn und eine Nähnadel, gleich geht's los!

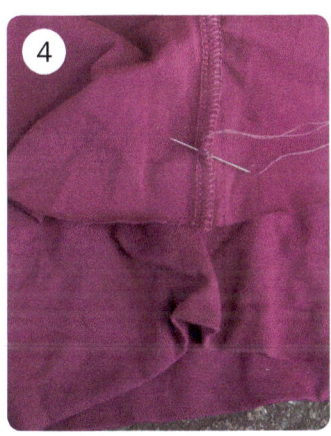

Vernähe den Faden auf der Innenseite, einige Zentimeter vom abgeschnittenen Rand entfernt.

Bringe den Faden nach oben und nähe mit lockeren Stichen (Abstand ca. 1 cm) wie gezeigt im runter-rauf-runter-rauf-Stil.

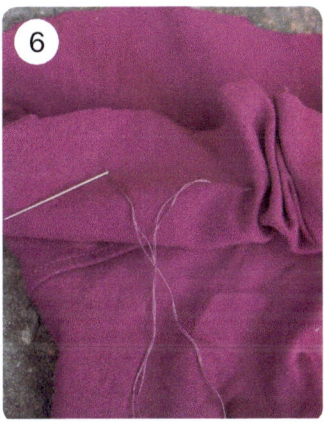

Raffe den Stoff auf diese Weise vorsichtig über die ganze Länge. **Achtung:** Zieh nicht zu fest an, sonst reißt dein Faden!

Sobald die Raffung komplett und der „Sack" zu ist, vernähst du den Faden mit etlichen Stichen.

Lege das Ärmel-Endstück wie gezeigt auf. Fixiere es dann mit einigen Stichen in der passenden Garn-Farbe.

Raffe nun auch das helle Stoffstück mit den bereits bekannten Nähstichen einmal rundum.

Nachdem du die fertige Raffung gut vernäht hast, heftest du die „Blütenblätter" an den tiefen Stellen kaum sichtbar an.

Fertig ist dein Süßes Früchtchen! Du kannst jetzt, wenn du möchtest ...

... den oben herausschauenden dunklen Stoff noch weiter abschneiden. Wie das dann wirkt, siehst du im nächsten Mützen-Modell.

Babymützen selbstgemacht!

Flottes Blümchen

Oh! Das ist ja babyleicht: Folge der Anleitung zum Süßen Früchtchen und...

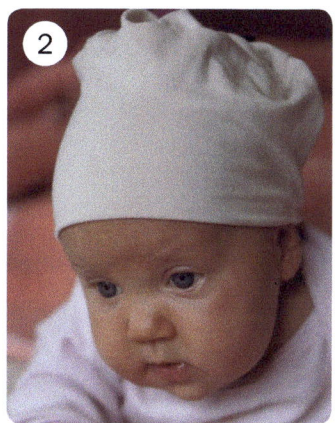

... kehre ganz einfach die Farben um. Die Geschwistermützen sind auch eine schöne Idee für Zwillinge.

Tipp: Wenn die Mütze (vorläufig) zu weit ist, näh mit einigen Stichen einen kleinen Abnäher rein. Der kann später wieder raus.

Das Flotte Blümchen wirkt ganz anders als das Süße Früchtchen, wenn die Mützenkrempe nicht umgeschlagen ist und ...

... der Innenteil der Blüte, der Blütenstempel, sehr kurz abgeschnitten ist.

Diese Mütze ist besonders im Tragetuch ein entzückender Hingucker!

Babymützen selbstgemacht!

Nizza mini

✂ Für den flotten Yachtausflug diese kesse Variante: Ärmel eines Langarm-Shirts wie gezeigt mit zwei herzhaften Schnitten zerschneiden.

Das schräge Teil wird das Kopftuch: Gerade Kante ein paar Finger breit nach innen umschlagen, fertig!

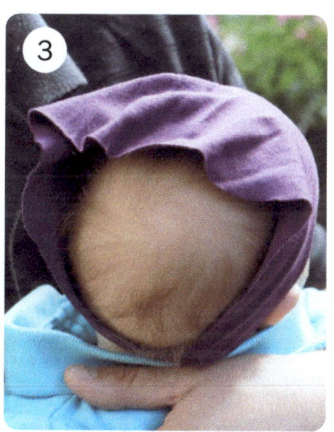

Ansicht von hinten: Nizza mini ist die luftige Variante für heiße Sommertage – oder aber ...

... als Unterzieh-Kopftuch in Kombination mit dem Süßen Früchtchen oder dem Flotten Blümchen geeignet.

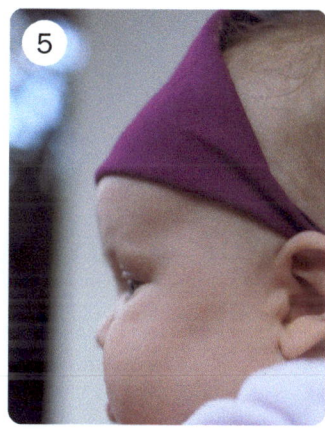

Tipp: Probiere verschiedene Breiten von Nizza mini aus. So wirkt das Kopftuch immer wieder ein bisschen anders.

Babymützen selbstgemacht!

Kringelschnex

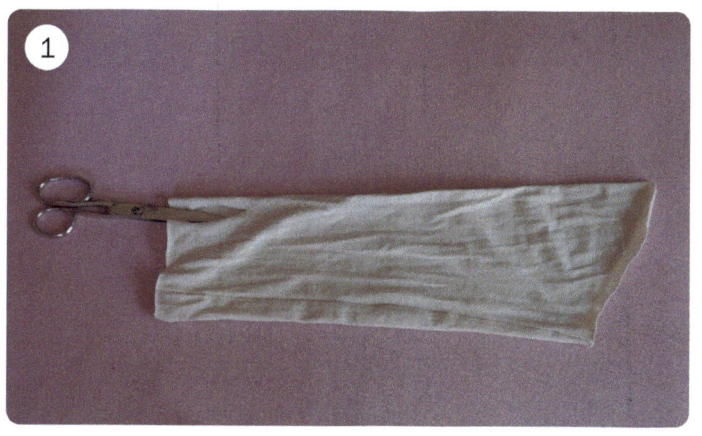

✂ Lust auf eine Haarverlängerung? Dann probiere doch mal diese hier: Trenne den Arm eines Langarm-Shirts wie gezeigt ab und schneide dann in das ehemalige Handgelenks-Ende ...

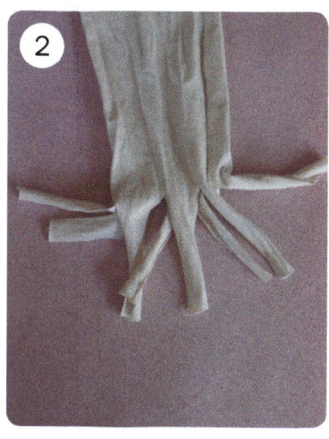

... etliche Streifen. Zum Beispiel so, wie auf dem Bild gezeigt.

Verknote dann die zwei äußeren Streifen miteinander.

Klappe nun das breite Ärmelende zurück und ...

✂ ... schneide ins V-Teil etliche Streifen, ca. 2 bis 3 cm lang. **Tipp:** Wenn du an den Streifen ziehst, kringeln sie sich noch mehr. Streifenende umklappen, fertig!

Haarlekin

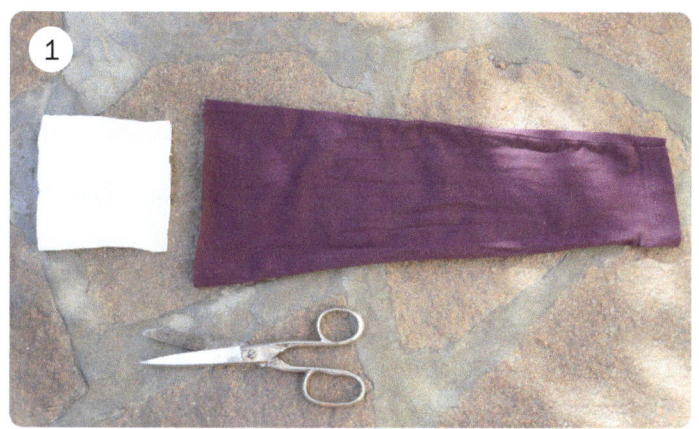

✂ Auch diese Fast-Echthaar-Verlängerung hat es in sich! Und kostet fast nix. Schneide zwei Ärmelteile wie gezeigt zurecht, ein langes dunkles und ein kurzes helles.

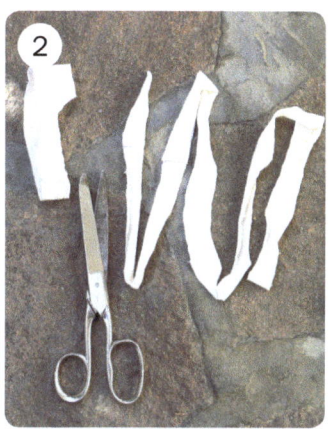

✂ Aus dem kurzen Teil machst du dir so einen langen Streifen.

Schnittmuster: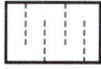

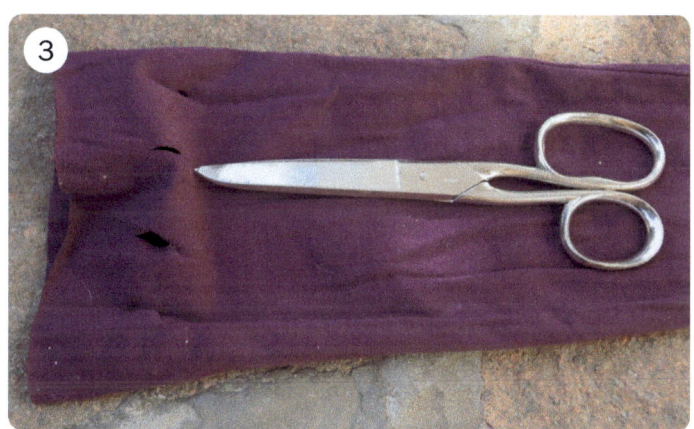

✂ Mache nun etliche ca. 3 cm voneinander entfernte Schnitte in das weite Ende des Ärmelteils. **Vergiss nicht:** Je größer die Schnitte, desto größer werden später die Belüftungslöcher der Mütze.

Fädle nun den weißen Streifen in runter-rauf-runter-rauf-Art durch die soeben gemachten Löcher. **Tipp:** Die Schere hilft beim Durchfädeln.

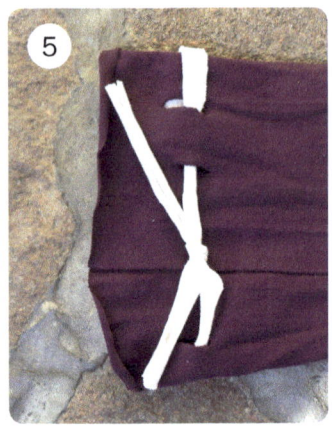

✂ Den Streifen rückseitig verknoten und die Überlänge abschneiden. Heb den weißen Rest auf, du brauchst ihn noch.

✂ Schneide nun, wie beim Modell Kringelschnex, lange parallele Streifen in das enge Ende des Ärmels.

✂ Achte darauf, dass du langsam und sorgfältig schneidest.

Noch fliegen die Haare durcheinander, aber ...

... nun schnappst du dir den Rest vom weißen Band und verknotest damit den Ansatz des Pferdeschwanzes. Fertig!

Tipp: Sollte die Mütze noch zu weit sein oder mit der Zeit ausleiern, kannst du sie durch das Festerziehen des eingebrachten Zugbandes enger machen.

Babymützen selbstgemacht!

Ritterschleif

✂ So schneidest du das doppellagige Mittelstück eines Shirts (mittleres dunkles Teil oben) zurecht. Das Ärmelstück hast du vielleicht aus einem früheren Projekt übrig. Ansonsten schneidest du ein Ärmelstück ab.

✂ Schneide vier Streifen vom Ärmelteil ab. Falte die vier Ecken des Mittelstückes nach innen.

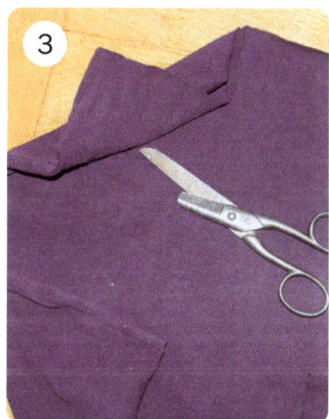

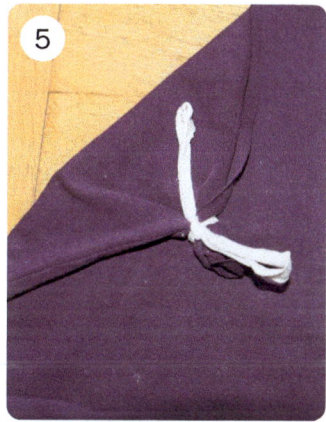

✂ Bohre nun mit der Schere vier Doppellöcher ins Mittelstück, und zwar ca. 2 bis 3 cm unterhalb der gefalteten Ecken.

Ziehe nun von unten jeweils einen Streifen durch die eben gemachten Doppellöcher nach oben durch. **Tipp:** Die Schere hilft beim Durchfädeln.

Verknote nun nach und nach alle vier Zipfel mit den vier Streifen.

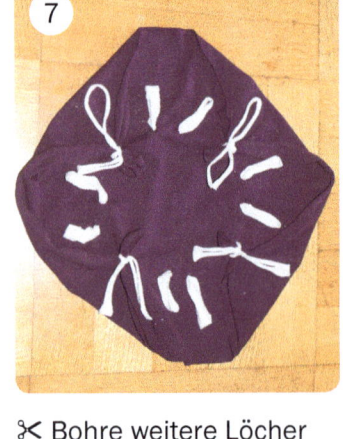

Wenn du mit dem Verknoten der vier Ecken fertig bist, sieht das so aus.
✂ Schneide dann nochmal vier Streifen ab.

✂ Bohre weitere Löcher und fädle die Streifen durch. Verknote die seitlichen und hinteren Enden der Streifen, aber ...

... damit der Hut vorne ein Visier erhält, erweiterst du die Vorderseite besser um ein paar Löcher. Vorne noch nicht verknoten!

Probiere nun den passenden Sitz der Mütze und mach vorne eventuell noch ein paar Löcher rein, damit es sich stärker rafft.

Wenn der Hut perfekt sitzt, auch die vorderen Streifen verknoten, und zwar mit dem jeweiligen Nachbars-zipfel-Streifen.

Tipp: Der Hut lässt sich auch mit dem Nackenteil nach vorne tragen, dann hat er statt eines offenen Visiers eine abschirmende Sonnenkappe.

Donnschlappo

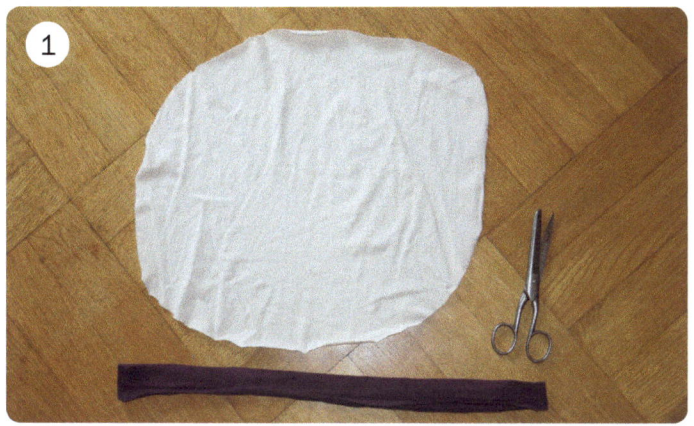

✂ Bringe ein Shirt-Mittelstück wie gezeigt in eine halbwegs runde Form. Je größer das Stück, desto schlapper der Hut. Das dunkle Zugband erhältst du beispielsweise aus dem Ritterschleif-Modell als Abfallprodukt (Abb. 1).

✂ Bohre mit der Schere eine gerade Zahl (z.B. 14) kleiner Löcher und fädle das Zugband wie gezeigt durch.

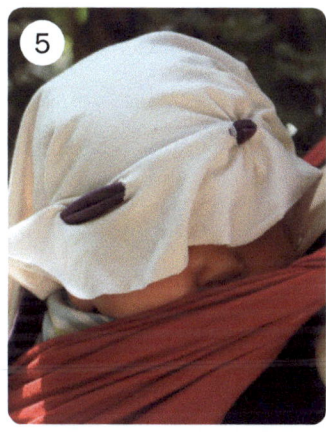

Setze den Hut auf den Babykopf und mache mit dem Zugband eine Schleife, sobald der Donnschlappo perfekt sitzt.

Tipp: Der Donnschlappo kann „offen" oder …

… geschlossen getragen werden. Zum Beispiel, wenn das Baby im Tragetuch eingeschlafen ist.

Babymützen selbstgemacht!

Marketilla

✂ Bringe ein Shirt-Mittelstück wie gezeigt in eine halbwegs quadratische Form. Für das Zugband eignen sich Stoffreste.

Falte die obere auf die untere Ecke, sodass ein Dreieck entsteht. Falte dann die linke auf die rechte Ecke.

Nimm das Zugband und verknote es fest, wie auf dem Bild gezeigt.

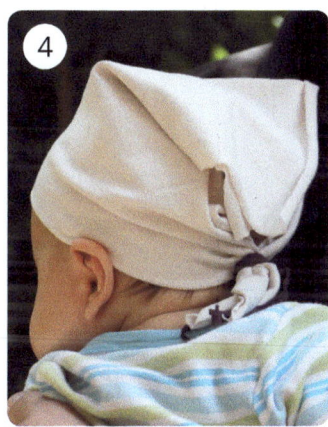

Die feste Schlaufe des Zugbandes erlaubt dir, das Kopftuch in der Größe zu verstellen.

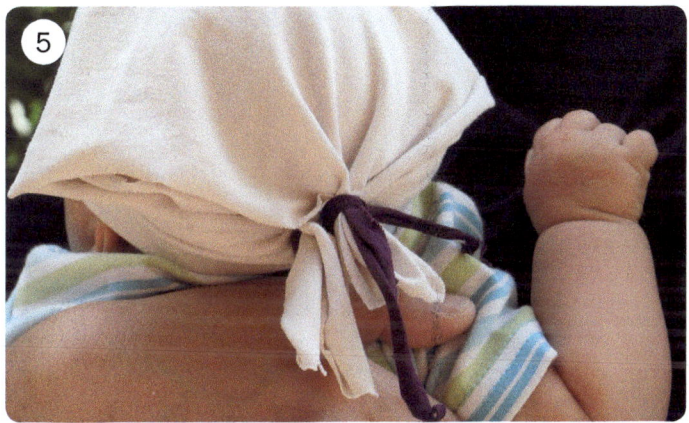

Tipp: Wenn der Wind etwas stärker bläst, magst du das Kopftuch vielleicht mit Hilfe des Deckelzipfels schließen. Umknote hierfür den Deckelzipfel einfach mit dem Zugband.

Babymützen selbstgemacht!

Lunablu

1

✂ Schneide etwa zwei Drittel eines Rollkragens halbwegs gerade ab. Fertig! (Das ging so schnell, da konnte nicht mal mehr die Fliege vom Foto verschwinden.)

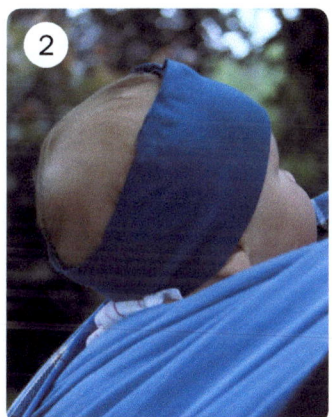

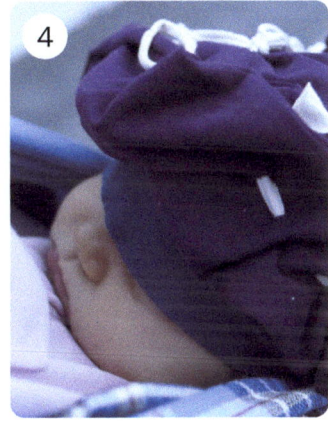

Einzeln getragen ist Lunablu eine ziemlich luftige Angelegenheit. Das Modell eignet sich als Ohrenschutz, unter dem Fahrradhelm oder …

… als Unterzieh-Stirnband, beispielsweise in Kombination mit dem Modell Ritterschleif.

Tipp: Als Unterzieh-Stirnband kann Lunablu auch als Augenverdunklung fürs schlafende Baby verwendet werden.

Babymützen selbstgemacht!

Paradiso

✂ Schneide dir das Mittelstück eines Shirts wie gezeigt zurecht.

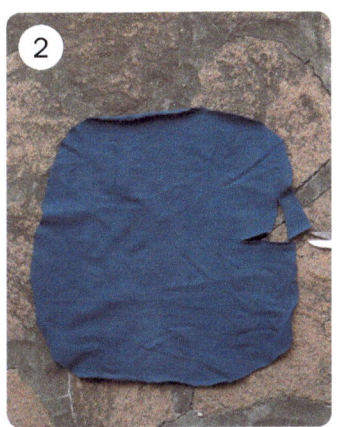

✂ Mach in die Mitte einer Seite einen ca. 4,5 cm langen Schnitt. Trenne dann den ersten Kringel ab, ca. 1,5 cm vom Rand entfernt.

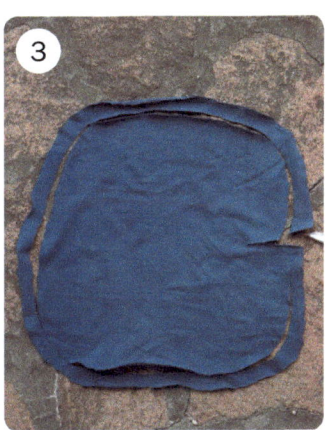

✂ Der vollständig abgetrennte Ringel sieht so aus. **Achtung:** Ca. 2 cm vor dem Ende stoppen!

✂ Mit dem zweiten Ringel verfährst du ebenso wie mit dem ersten. **Achtung:** Auch hier ca. 2 cm vor dem Ende stoppen!

✂ Mit dem dritten Ringel verfährst du ebenso wie mit dem ersten und dem zweiten. **Achtung:** Wieder ca. 2 cm vor dem Ende stoppen!

✂ Platziere nun 8 Doppelschnitte, wie auf dem (nächsten) Foto gezeigt. **Tipp:** Für eine breitere Hutkrempe die Schnitte weiter weg vom Rand setzen.

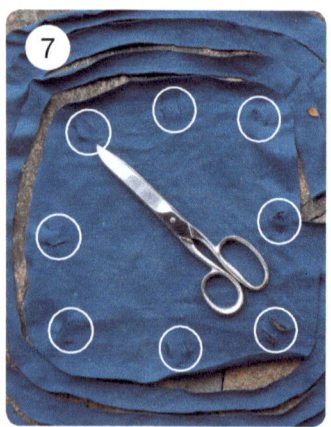

Die weißen Kreise zeigen dir, wo die acht Doppelschnitte gesetzt worden sind.

Bereite nun das Flechten vor: Dehne jeden Streifen einzeln und mach dann ein kleines Streifen-Häuflein.

Beginne nun sorgfältig mit dem Flechten, wie auf dem Foto gezeigt. **Achtung:** Bring die langen Streifen nicht durcheinander!

Den kürzesten Streifen verknotest du um die Flechtschnur, bevor er zu Ende ist. Führe diese dann auf der Oberseite des Hutes durch die Doppelschnitte.

Verwinde die Flechtschnur ineinander und verknote sie, sobald die Hutweite passt. **Tipp:** Die Enden der längeren Streifen kannst du wie gezeigt ...

... anknoten und als Kinnband nutzen, damit der Hut zum Beispiel beim Stillen nicht abfällt. (Kinnbänder eignen sich auch für andere Modelle.)

Müda

✂ Eine geht noch! Und zwar aus dem Rest von Lunablu. Du brauchst für Müda den abgeschnittenen Rollkragenteil inklusive Schulterpartie.

✂ Zur Orientierung hier die Aufteilung der Filet-Stücke. Du brauchst das weiß umrandete.

✂ Bohre mit der Schere in die vordere Stofflage rechts oben und ...

✂ ... links oben je ein Loch.

✂ Klappe dann die obere Stofflage nach hinten um und bohre mit der Schere in die untere Stofflage rechts unten und ...

✂ ... links unten je ein Loch.

Fädle nun den rechten oberen Zipfel durchs rechte untere und den rechten unteren Zipfel durchs rechte obere Loch.

Fädle dann den linken oberen Zipfel durchs linke untere und den linken unteren Zipfel durchs linke obere Loch.

Nun noch die Zipfel verknoten, wie am Bild gezeigt. Fertig!

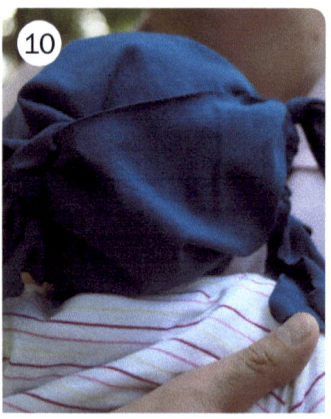

Tipp: Müda kann geschlossen getragen werden oder, etwa an besonders heißen Tagen, ...

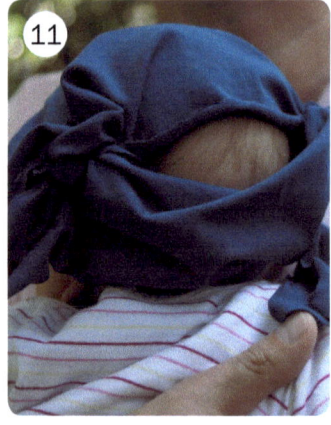

... mit Cabrio-Klappe. Viel Spaß beim Ausprobieren!

Jetzt seid ihr dran!

Hier gibt es Platz
für Fotos von ...

... deinen eigenen
süßen Früchtchen!

Bibliografische Information der Deutschen Nationalbibliothek:
Die Deutsche Nationalbibliothek verzeichnet diese Publikation
in der Deutschen Nationalbibliografie;
detaillierte bibliografische Daten sind im Internet über
http://dnb.d-nb.de abrufbar.

1. Auflage   August 2013
© 2013   edition riedenburg
Verlagsanschrift   Anton-Hochmuth-Straße 8, 5020 Salzburg, Österreich
Internet   www.editionriedenburg.at
E-Mail   verlag@editionriedenburg.at

Lektorat   Dr. phil. Heike Wolter, Regensburg

Satz und Layout   edition riedenburg
Fotos   © edition riedenburg
Herstellung   Books on Demand GmbH, Norderstedt

ISBN 978-3-902943-09-5